Worauf es ankommt:

Die Zwei … hier beginnt Gemeinde

Über den Autor:

Thorsten Haßiepen, Jahrgang 1970, ist
eigentlich hauptberuflich selbständiger
Rechtsanwalt mit eigener Kanzlei in seiner
Heimatstadt Wegberg (bei Mönchengladbach).

In der evangelischen Kirchengemeinde Wegberg
absolvierte er eine zweijährige Ausbildung zum
Prädikanten (ehrenamtlicher Pastor) und wurde
2010 ordiniert.

Thorsten Haßiepen

Worauf es ankommt:

Die Zwei ...

... hier beginnt

Gemeinde

tsh

Thorsten Haßiepen

Worauf es ankommt: Die Zwei ...
... hier beginnt Gemeinde

Bibliografische Information der Deutschen Bibliothek
Die Deutsche Bibliothek verzeichnet diese Publikation
in der Deutschen Nationalbibliographie;
detaillierte bibliografische Daten sind im Internet
über http://dnb.ddb.de abrufbar.

ISBN: 978-3-8423-6224-6

© 2011 Thorsten Haßiepen, Wegberg, Az. 151/05, **tsh**

Umschlaggestaltung und Grafiken:
Stefanie Haßiepen - haßiepenDesign - www.hassiepen-design.de

Umschlagfoto:
Werner Beutel

Herstellung & Verlag:
Books on Demand GmbH, Norderstedt

Für

Dich,

liebe Stefanie

und natürlich auch für

Matthias, Emma und Greta

Inhaltsverzeichnis

Das Vorwort

Was schreibt denn da ein Jurist über theologische Themen? Kann das denn gutgehen?

In der Tat kann man sich schnell fragen, wie es sein kann, dass ein Jurist gleichzeitig ein ordinierter Prädikant (ehrenamtlicher Pastor) ist. Schließen sich doch rechtliche Belange und Fragen des Glaubens auf den ersten Blick aus.

Schaut man aber schon in unser Grundgesetz, findet man in dem ersten Satz den Bezug auf Gott und die Feststellung, dass zumindest die deutsche Verfassung in Verantwortung vor Gott entstanden ist.

Theologie und Rechtswissenschaft ergänzen sich in der Tat. Vieles ist eine Glaubensfrage.

Vieles ist Ansichtssache. Wertesysteme werden auch durch die religiöse Herkunft geprägt.

Dies wird nicht nur deutlich, wenn vor Gericht gerufen wird: „Das schwöre ich bei Gott!", sondern auch in den vielen Fragen des Alltäglichen, bei denen wir uns fragen, was denn nun „Recht" ist, was „richtig" ist.

So darf ich Sie einladen, mich auf der Suche zu begleiten. Die Rechtswissenschaft sucht nach der Gerechtigkeit, die Theologie nach der einen Wahrheit. Beide Ziele umschließen sich, gehen nicht ohne das jeweils andere.

Lesen Sie dieses Buch und lassen es auf sich wirken. Lesen Sie Einleitung, Predigt, „Alltag" und Gebet in Ruhe, ohne Eile, wenn Sie hierfür Muße haben.

Sie werden spüren, wie die Liebe Gottes tatsächlich wahrnehmbar ist ... meistens auf eine Art und Weise, wo und wie wir es eben überhaupt nicht erwarten ... in dem ganz normalen Alltag.

Das ist das Geheimnis. Wir leben nicht auf einer Insel in unserer kleinen Welt. Wir Menschen sind miteinander verbunden, gehören zueinander, stützen und ergänzen uns.

Mensch sein, das ist ein ständiges Miteinander. Wo zwei Menschen sich begegnen, kann Gemeinde beginnen ...

Wegberg, im Juli 2011

Thorsten Haßiepen

Das Projekt:
„Worauf es ankommt"

Das Projekt „Worauf es ankommt" ist ein Versuch.

Immer wieder bekommen wir Ratgeber, Seminare, Lehren und Glaubenssätze angeboten, gar angepriesen, die für sich das Recht in Anspruch nehmen, sie seien die einzig wahren und heilsbringenden Möglichkeiten, ein erfülltes Leben zu erreichen.

Dem widerspreche ich entschieden. Es gibt nicht die *Eine* Lehre, den *Einen* Glauben, die *Eine* Weltanschauung. Menschen sind unterschiedlich. Sie leben in unterschiedlichsten, teils über Jahrtausende

gewachsenen Kulturen. Jedem ist die eigene
Kultur die Nächste.

Viel Leid, Tod, Kriege, Auseinandersetzungen
haben solche Absolutheitsansprüche in unsere
Welt gebracht.

Doch was passiert, wenn man es zulässt, sich
auf neue Gedanken einzulassen. Ob man sie
letztlich übernimmt, bleibt jedem selbst
überlassen. Einen Zwang gibt es nicht.

Die Freiheit, noch völlig fremde Gedanken an
uns heranzulassen, ist eines der größten
Güter, die der menschliche Geist und die
menschliche Seele hervorbringen können.
Diese Freiheit kann sich sogar in der Realität
niederschlagen, wenn wir nach den neuen
Gedanken handeln und sie in die Tat
umsetzen.

Es gilt daher, das Wohl und Wehe solcher
Gedanken abzuwägen, sie sorgfältig zu

14

betrachten und dasjenige zu bewahren, was uns in dieser Welt weiterbringt, zusammenführt ... Frieden schafft.

Das Projekt „Worauf es ankommt" ist daher ein Versuch, diesen Weg zu beschreiten und anhand eines Bibeltextes oder Gedankens, der Grundlage für eine sonntägliche Predigt war, eine kurze Anleitung oder Idee zu geben, wie man das Gute, das Miteinander in den Alltag einbinden mag.

Sicherlich ist das Projekt durch meine Herkunft in Fragen des Glaubens an Gott geprägt. Doch Sie werden im Rahmen der Buchreihe entdecken, dass auch dieses Haus des Glaubens in Frage gestellt werden kann, um sich neuen Gedanken und Ideen zu öffnen.

„Worauf es ankommt" ist eine Reise, die wir gemeinsam gehen können, wenn wir es zulassen und wir es möchten. Es ist ein

Prozess, der durch jedes weitere Buch eine neue Facette und ein Bild, das mit jedem neuen Buch einen weiteren Farbtupfer erhält.

Und so mögen uns diese Gedanken dazu bringen, uns einander zu nähern, die Hände zu reichen, Frieden zu schaffen und zu halten, über Familien, Länder und Glaubensgrenzen hinweg.

Damit können wir vielleicht eine „Gemeinde der Menschen" gründen, aufbauen und bewahren. In dieser können wir vielleicht alle glücklich, friedlich und vertraut miteinander leben ... denn das ist es, worauf es ankommt.

Der Anlass

Die evangelischen Kirchengemeinden
Schwanenberg, Wassenberg und Wegberg im
Rheinland pflegen seit etlichen Jahren den
Brauch, in der Sommerzeit Gottesdienste
nicht in jeder Gemeinde einzeln zu halten.

Vielmehr halten die Gemeinden es so, dass
-meist in den Sommerferien- ein gemeinsames
Thema für sechs oder sieben
aufeinanderfolgende Gottesdienste ausgewählt
wird und die Prediger im Austausch
untereinander mal in der eigenen, mal in der
anderen Gemeinde zu diesem Thema eigene
Predigten mit unterschiedlichen
Schwerpunkten halten.

Dies sind meist größere Gottesdienste mit
hoher Besucherzahl. Meist singen die Chöre

oder es spielen die Gemeindebands und im Anschluss an den Gottesdienst finden Kaffeetische statt, in denen ein reger Austausch von Gedanken erfolgen und man neue Leute kennenlernen kann.

Alles in allem sind es nicht nur gut besuchte, sondern auch gelungene „Veranstaltungen" und nicht selten geht man zufrieden und beschwingt in den restlichen Sonntag oder gar die ganze Woche hinein. Manchmal zehrt man sogar noch Monate von dem Gehörten und Erlebten.

Im Jahre 2010 war das Thema der Sommerkirche „Das Geheimnis der Zahlen in der Bibel".

Im Rahmen dieser Predigtreihe fiel mir die Zahl „2" zu.

Es war allen Predigenden selbst überlassen, was sie aus „ihrer" Zahl machten und so entstand die gleich folgende Predigt.

Nach einer überraschend angenehmen Resonanz aus der Gemeinde nach dem Gottesdienst, reifte in mir die Idee zum Buch und die Buchreihe „Worauf es ankommt" rückte in den Fokus meiner Gedanken. Letztlich nahm ich mir das Herz und schrieb dieses Buch.

Wenn Sie die Predigt im folgenden Kapitel lesen, so stellen sie sich bitte vor, sie hörten sie in einem Gottesdienst. Sie werden begleitet von Musik, Gesang und dem wirklich tollen Chor der Kirchengemeinde Schwanenberg.

Musikalisch wurde die Predigt übrigens begleitet von den Liedern „Weißt Du wie viel Sternlein stehen?" und dem Kanon „Wo zwei oder drei in meinem Namen versammelt sind".

Hierauf beziehe ich mich an einigen Stellen in der Predigt.

Einige Stellen der gesprochenen Predigt habe ich für dieses Buch geringfügig umformuliert, damit sie auch im geschriebenen Wort verständlich bleiben.

Anschließend an die Predigt führe ich im Kapitel „Der Alltag" dazu aus, wie diese Gedanken denn auch in die Tatsächlichkeit des Alltags von uns allen zu überführen sein könnten.

Hierbei lasse ich Ihnen natürlich viel Spielraum, die Gedanken mit Leben zu füllen.

Danach finden Sie ein Gebet, welches die Inhalte noch einmal im Zwiegespräch mit Gott zusammenzufassen versucht.

Nun darf ich Ihnen wünschen, dass Sie sich ein wenig Ruhe nehmen, in Ihren

Lieblingssessel setzen und die Worte der Predigt ungestört und in Ruhe auf sich wirken lassen mögen.

Legen Sie das Buch nach der Lektüre nicht sofort weg, sondern halten Sie es noch einige Zeit in den Händen, betrachten Sie es und fühlen Sie, wie es sich halten lässt. Lassen Sie aufkommende Gedanken durch Ihren Kopf ziehen und lassen sich ein wenig überraschen über die Wege, die diese Gedanken manchmal gehen können.

Ich wünsche Ihnen, dass Sie die verstreichende Zeit genießen können und interessante Begegnungen in der jetzt beginnenden Lektüre ...

Weißt Du, wie viel Sternlein stehen?

Weißt du wie viel Sternlein stehen
an dem blauen Himmelszelt?
Weißt du wie viel Wolken gehen
weithin über alle Welt?
Gott, der Herr, hat sie gezählet,
dass ihm auch nicht eines fehlet,
an der ganzen großen Zahl,
an der ganzen großen Zahl.

Weißt du wie viel Mücklein spielen
in der hellen Sonnenglut?
Wie viel Fischlein auch sich kühlen
in der hellen Wasserflut?
Gott, der Herr, rief sie mit Namen,
dass sie all' ins Leben kamen.
Dass sie nun so fröhlich sind.
Dass sie nun so fröhlich sind.

Weißt du wie viel Kinder schlafen,
heute Nacht im Bettelein?
Weißt du wie viel Träume kommen
zu den müden Kinderlein?
Gott, der Herr, hat sie gezählet,
dass ihm auch nicht eines fehlet,
kennt auch dich und hat dich lieb,
kennt auch dich und hat dich lieb.

Weißt du, wie viel Kinder frühe
stehen aus ihrem Bettlein auf,
dass sie ohne Sorg und Mühe
fröhlich sind im Tageslauf?
Gott im Himmel hat an allen
seine Lust, sein Wohlgefallen,
kennt auch dich und hat dich lieb,
kennt auch dich und hat dich lieb.

Text: Wilhelm Hey, 1837

Die Zwei ...
hier beginnt Gemeinde

Schauen wir in den Himmel des Nachts ... unendlich viele Sterne können wir sehen, gar nicht alle zählen ...

Wie in dem (Kinder)lied „Weißt Du, wie viel Sternlein stehen, an dem blauen Himmelszelt", können wir uns die Unendlichkeit kaum vorstellen, sehen in der Natur Dinge, die von einer so großen Vielzahl sind, dass wir irgendwie jeden Überblick verlieren.

Doch ... und auch das singen wir in diesem (Kinder)lied ... Gott kennt sie alle, hat sie gezählt, bei ihrem Namen gerufen und an allen sein Wohlgefallen. Er beschäftigt sich mit jedem einzeln ... Eins zu Eins ... im Zwiegespräch.

Sommerkirche ... Zahlencode der Bibel ... Die „2" ...

Die „2" ... eine Zahl ...

Eine Zahl wie jede andere ... oder eben auch nicht ...

Die „2" ist die natürliche Zahl zwischen Eins und Drei. Sie ist die kleinste und einzig gerade Primzahl.

Die Zahl „2" hat in fast allen gesprochenen Sprachen ein eigenes Wort. Viele Naturvölker kennen nur die Zahlen „1" und „2" und bezeichnen alle größeren Zahlen als die „2" ... lediglich als „viel".

Zwei Elemente, die zusammen eine Einheit bilden, kann man als Paar bezeichnen. Zwei

entgegengesetzte Elemente, die sich
gegenüberstehen oder ausschließen, bilden ein
Gegensatzpaar im Sinne einer Polarität.

In jedem Paar, egal ob gleich oder ungleich, ist
dabei eine gewisse Symmetrie zu erkennen.

Wahr oder falsch.

Gut oder böse.

Gott oder Teufel.

Himmel oder Hölle.

Aber Brot und Wein.

Die chinesische Numerologie und ihre
religiöse Ausprägung des Daoismus sehen in
der Polarität des Yin und Yang im System des
Taiji den Gegensatz, der den gesamten
Kosmos bestimmt.

Sie sehen also ... die „2" ist alles andere als nur *einfach* eine Zahl.

Sie hat sich ihren Platz erkämpft und drückt oft, nach der „1", dem Anfang der Zahlenreihe für Zahlen mit Wert im Gegensatz zur Null, auch meist nach der Einleitung den Beginn der tatsächlichen Handlung aus.

Im ersten Kapitel eines Buches zum Beispiel wird der Leser mit den Figuren, Settings und dergleichen bekannt gemacht. Im zweiten Kapitel fängt die Geschichte dann endlich an.

Aber ... wie wohl zu jeder Zahl können wir natürlich hunderte von Beispielen finden, welche große oder kleine Bedeutung die gerade genommene Zahl denn wohl haben soll.

Natürlich taucht auch in der Bibel die Zahl „2" häufig auf.

In der Konkordanz -also dem
Stichwortverzeichnis- zur Lutherbibel sind
alleine 184 Stellen zitiert, in denen die Zahl
„2" -wohlgemerkt ... ohne weitere Wortformen-
in irgendeiner Form vorkommt.

Und ... liebe Gemeinde ... Thema der
Sommerkirche ist es ja, den Zahlencode der
Bibel ein wenig zu beleuchten.

„2" - Das ist eben mehr als „1".

Es ist die Voraussetzung des Austauschs, des
Vertrauens, dessen, was wir „Miteinander"
nennen.

Natürlich können zwei Menschen auch
gegeneinander arbeiten, sich bekämpfen,
misstrauen, verletzen oder gar vernichten.

Aber auch das ist eben letztlich nur möglich,
wenn mindestens „2" Personen anwesend sind

und sich … nennen wir es vorsichtig …
miteinander beschäftigen.

Aber „2" ist eben auch ein *Miteinander* … und
noch wichtiger ein *Füreinander*.

Ein Mensch allein kann schon viel
bewerkstelligen. Er kann Häuser bauen, er
kann Geld verdienen. Er kann einen Acker
bestellen, ein Buch schreiben. Er kann eine
Predigt halten, er kann singen, lachen, tanzen.

Doch wirklich schön, wirklich interessant,
wirklich „lebenswert" wird all' das erst, wenn
wir uns zusammentun und diese Dinge
gemeinsam … also mit mindestens einem
weiteren Menschen … erleben können.

Wie viel schneller können wir dann unsere
Aufgaben erledigen, wenn jemand mit
anpackt?

Wie viel sicherer sind Dinge, wenn wir im 4-Augen-Prinzip verfahren und ein anderer nochmals prüft, was wir noch nicht bedacht haben?

Ein Buch erfüllt erst dann seinen Sinn, wenn mindestens ein anderer Mensch es liest ... ebenso die Predigt, die erst dann wirken kann, wenn mindestens ein anderer Mensch sie hört.

Tanzen, singen, lachen wird tausendfach schöner, wenn wir es nicht nur alleine, sondern gemeinsam machen.

Eine Unterhaltung bedeutet Austausch, Zwiegespräch, Vertraulichkeit mit einem anderen Menschen. Wir können etwas preisgeben.

Wir kennen die Beschreibungen von Einzelhaft, wo Menschen tage-, wochen-, ja gar monate- oder jahrelang keinen Kontakt zu anderen Menschen haben dürfen ... und wie dies die Seele eines Menschen zerstören kann.

Haben wir aber einen anderen, an dem wir uns festhalten können, der uns zuhört, Ratschläge und manchmal auch Warnungen gibt ... so ist das Leben schöner, wir bleiben auch im Kopf gesund und wissen ... jemand kümmert sich um uns.

Auch ein Gebet ist ein Zwiegespräch mit Gott.

Ein Gebet, das wir nur für uns äußern, ohne dass Gott uns -vielleicht nicht *er*hört- aber wenigstens *zu*hört ... nein ... das ist einfach nicht denkbar.

Menschen, die sich zusammentun, die füreinander da sind, das ist die Erfüllung der Schöpfung.

Sie alle kennen den wunderschönen Kanon, den wir im Gottesdienst singen:

32

Denn wo zwei oder drei versammelt sind in meinem Namen, da bin ich mitten unter ihnen.

Dieses berühmte Jesuszitat haben wir besungen. Es zeigt uns deutlich auf, dass wir uns im Namen Gottes versammeln können und wenn dies auch nur „2" Leute sind ... so ist er ... bereits mitten unter uns.

Bedenken wir also: Tun wir uns mit auch nur einem einzigen weiteren Menschen zusammen, im Namen Gottes, so weilt er -Gott selbst- schon unter uns.

Dieser an sich schon berauschende Gedanke ist aber noch nicht alles.

Wie so oft, gibt es in unmittelbarer Nähe zu dem hiesigen Liedzitat in der Bibel ein weiteres Zitat, welches nicht überlesen werden sollte:

Jesus spricht:

> *„Wahrlich, ich sage euch: Wo zwei unter euch eins werden, warum es ist, dass sie bitten wollen, das soll ihnen widerfahren von meinem Vater im Himmel."*

Zweisamkeit mit Gott und mit anderen Menschen ... das ist es, was unser Leben so lebenswert machen kann.

Zwei Menschen, die einander lieben und helfen ... sie bringen Sonnenschein in jede Menschengruppe, dienen als Vorbild, dienen als Wegweiser dafür, wie wir uns achten und ehren ... und damit auch würdig behandeln und letztlich sogar Frieden schaffen können.

Es bedarf gar nicht so viel dazu.

In unser aller Leben reicht aus, wenn wir uns
... sagen wir ... jeden zweiten Tag ... einem
anderen Menschen zuwenden.

Es muss ja auch nicht immer die *große* Hilfe
sein, dass wir einer anderen Person das Leben
retten.

Manchmal reicht auch aus, wenn wir über das
alltägliche „Guten Tag" das ein oder andere
persönliche Wort wechseln.

Nein, Selbstzweck darf es nicht sein.

Es soll schon aus dem Herzen kommen.

Aber es darf auch geübt werden. Es darf auch
holprig sein, wenn wir es noch nicht so
gewohnt sind.

Reichen wir einander die Hand. Lassen wir
zwei Hände berühren und sagen: „Ich nehme

Dich wahr, Dich achte ich und interessiere mich für Dich."

Für Manchen von Ihnen mag dies erst einmal nur ein sehr kleiner Schritt sein.

Aber unterschätzen Sie nicht, wie viele Menschen nach dieser Berührung, dieser Achtung, dieser Würde lechzen. Sie kennen die Liebe nicht, die andere Menschen ihnen zukommen lassen. Sie fühlen sich unbeachtet, ausgestoßen, wollen sich über andere Kanäle die Aufmerksamkeit holen, die ihnen ansonsten so vorenthalten zu bleiben scheint.

Wir können alle etwas tun, um in dieser Welt ein wenig mehr Frieden zu schaffen.

Wir können aufeinander zugehen, können füreinander da sein, können miteinander leben.

Jesus spricht:

„Wo zwei unter euch eins werden,
warum es ist, dass sie bitten wollen, das
soll ihnen widerfahren von meinem
Vater im Himmel."

Das ist das Geheimnis der „2" in der Bibel.

Nehmen Sie sich einen Menschen an der Hand
... beten Sie mit ihm zu Gott ... „versammeln"
Sie sich mit ihm in seinem Namen.

Wenn diese zwei Seelen sich zusammentun
und gemeinsam bitten wollen, so soll es ihnen
widerfahren von Gott, dem Vater, dem
Allmächtigen, dem Schöpfer des Himmels und
der Erde.

Vielleicht versuchen wir es als Aufgabe, für
die nächsten „2" Wochen.

Gehen wir alle, jeder einzelne von uns, jeden „2"-ten Tag … sonntags, dienstags, donnerstags und samstags … auf mindestens „2" uns noch fremde Menschen zu und reichen ihnen die Hand, so dass sich „2" Hände berühren … interessieren wir uns aufrichtig für sie und helfen wir, wo wir können.

Es erscheint so wenig … uns doch, so glaube ich fest, wenn wir dies tun, können wir etwas anstoßen, das sich einmal rasant ausbreiten kann. Ein Virus des Guten sozusagen.

Jeder Mensch, mit dem wir uns im Zwiegespräch … oder wie es schöner klingt … im Dialog … beschäftigen, wird einer jener Sterne, jener Kinder, die wir an unserem Himmelszelt sehen können, an denen wir uns erfreuen und die wir beim Namen nennen können … so wie Gott es auch mit uns macht.

Zwei Menschen ... Gott mitten unter ihnen ...
was können wir uns mehr erträumen?

Die „2" – Miteinander, Gegeneinander, und
vor allem Füreinander.

Amen.

Der Alltag

Nun, wie bekommen wir dies jetzt in unseren Alltag.

In einer Zeit, in der es immer mehr Singles gibt, stellt sich irgendwann zwangsläufig die Frage, ob feste Verbindungen zwischen Menschen noch Sinn machen.

Das Erstaunliche an der Entwicklung unserer Gesellschaft ist ja, dass auf der einen Seite immer mehr Menschen sich -jedenfalls sagen sie das oft- für ein ungebundenes Leben entscheiden.

Gleichzeitig können wir aber beobachten, dass sich oft genau diese Menschen mit vielen anderen Personen zusammentun, um Party's zu feiern, miteinander Urlaube zu verbringen oder einfach nur Spieleabende abzuhalten.

Sie scheinen in einem gewaltigen Gegensatz zwischen dem Bedürfnis nach Nähe und Austausch und der Abweisung von Geborgenheit, Vertrauen und vielleicht bedingungslosem "Einlassen" auf andere Menschen zu stehen.

So sehr die Singles dieser Welt in Umfragen immer wieder betonen, dass sie ungebunden, frei und vor allem ihren eigenen Plänen entsprechend leben wollen, so sehr sind es auch gleichzeitig diese Leute, die sich auf Party's mit möglichst vielen anderen Menschen umgeben, auf körperliche Nähe keinesfalls verzichten wollen und sich meist auch Kinder wünschen ... aber „natürlich" ohne feste Zusage an einen Partner.

42

Nein, natürlich sind nicht alle so. Ich möchte hier auch nicht die Singles angreifen. Es gibt viele verschiedene Formen von "Single-Dasein".

Es geht hier auch nicht um die Frage, sind die Singles nun so ... oder so. Ist es gut oder schlecht. Es soll *keine* Wertung erfolgen.

Es geht einfach um die statistische Tatsache, dass sich immer mehr Einzelhaushalte bilden und auch z.B. die Institution Ehe seltener wird bzw. schneller (und einfacher) wieder aufgelöst werden kann.

Trotz aller dieser Erleichterungen, die wir im Zuge der letzten Jahrzehnte manchmal erfahren und manchmal erkämpft haben, wird kein Mensch wirklich sagen können, dass er völlig ohne jegliche Kommunikation mit anderen Menschen auskommen will.

Es gibt Phasen im Leben von einem jeden Menschen, in der wir Ruhe und Abstand brauchen ... in denen wir „Single" sein wollen.

Sei es eine schwere Trennung, sei es ein Verlust eines Arbeitsplatzes, sei es der Abschied von einem geliebten Menschen. Alle diese Ereignisse können dazu führen, dass wir uns zurückziehen und für uns alleine sein wollen. Wir wollen nichts mehr sehen oder hören, und vor allem nichts mehr fühlen.

Die Gefühle in solchen Situationen beängstigen uns manchmal, können uns gar überfordern.

Ein normaler Reflex des Menschen ist es daher, wegzulaufen, sich zu verkriechen und zunächst solche Dinge zu sortieren, bevor wieder weitere Eindrücke der Außenwelt zugelassen werden können.

So ist es wohl auch in der Gemeinschaft von uns Menschen an sich.

Wir leben in einer Welt, die immer schneller wird, in der wir immer mehr Informationen in immer kürzerer Zeit verarbeiten sollen.

Ein Innehalten fällt uns oft schwer. Manchmal gibt es Zeiten, in denen wir für uns selbst praktisch gar keinen Platz oder Zeit mehr finden.

Aber selbst wenn wir in einem solchen Moment innerlich danach schreien, alleine sein zu wollen, uns von der Welt abschotten, alles und jeden zurückweisen. Irgendwo gibt es da diesen Platz in unserem Herzen, wo eine kleine Flamme flackert.

Diese Flamme, die ständig davon bedroht ist, durch den heftigen Windzug einer neuen Enttäuschung, die wir nicht ertragen können, ausgelöscht zu werden, leuchtet in uns und strahlt vorsichtig ein wenig Wärme aus.

Betrachten wir diese Flamme und gehen in Gedanken dorthin, können wir sehen, dass sie uns anblickt und auffordert, uns in ihrem neckischen Spiel der sich nie wiederholenden Formen auf sie einzulassen.

Wir können diese Flamme fast schon in unsere Hände nehmen und vor uns halten … in unseren Gedanken funktioniert das tadellos.

Und trotzdem bleibt die Flamme in unserem Herzen gleichfalls bestehen, wie ein ewiges Licht, das in jedem von uns brennt.

Nehmen wir die kleine und zärtliche Flamme in unsere Hand, so strahlt sie ein Vertrauen aus. Sie ist so zerbrechlich, dass wir immer Gefahr laufen, dass sie ausgeht, verlischt und nur Dunkel in uns zurücklässt.

Genau davor haben wir Angst.

Dieses Flämmchen der Nächstenliebe, der Sehnsucht nach Geborgenheit, des Urvertrauens in andere Menschen ist so zaghaft und vergänglich, dass sie zugleich unser wertvollster Schatz ist.

Aber sie ist auch immer wieder eine vom Aussterben bedrohte Spezies. Sie will umsorgt und genährt werden. Wir wissen so viel und doch so wenig über sie.

Instinktiv können wir ihr einen fruchtbaren Nährboden geben. Wenn wir aber unseren Verstand einschalten, scheinen wir zu verkennen, welchen Ursprung und welche Bedürfnisse sie hat.

Die Flamme ist ein Geschenk, das uns mit der Geburt gegeben wurde. Ein Kind trägt sie stolz umher und lässt sie in sich lodern. Man kann es Kindern in ihren Augen ansehen, mit welcher Begeisterung sie dieses Feuer der Leidenschaft, des Interesses und Begeisterung für alles und jeden mit sich herumtragen.

Dieses Geschenk wird uns von unseren Kindern immer wieder vor Augen geführt und oftmals erinnern wir uns schmerzlich an jene Zeit, in der auch wir die Begeisterung verspürten, für die Dinge, die wir tun wollten, die Pläne, die wir schmiedeten.

Und doch hat diese Flamme auch etwas Zauberhaftes an sich. Wie jene sich selbst entzündenden Kerzen, die wir als „Zaubertrick" auf Kindergeburtstagstorten finden, können wir auch diese Flamme niemals wirklich auslöschen.

Vergeblich können wir versuchen, sie zu zerstören, zu löschen, zu ersticken oder hinter einem unbrennbaren Vorhang zu verstecken.

Sie scheint erloschen, aus unserem Blickwinkel entschwunden. Wir können sie verdrängen und ignorieren.

Irgendwo da drinnen, tief in unserem Herzen aber flackert sie still und leise weiter vor sich hin.

In wundersamer Weise verbunden mit all' den kleinen Lichtern in den Herzen aller Menschen, gleich welcher Herkunft oder welchen Glaubens, steckt sie sich immer wieder an. Selbst wenn wir sie gelöscht zu haben scheinen, ist dort ein kleiner glimmender Fleck, der manchmal erst nach langer Zeit und manchmal sehr mühsam, aber dennoch wieder das Lebenslicht in uns entfacht.

Wie ein Lichtermeer erfüllen diese Flammen unserer Herzen diesen Planeten und erhellen ihn für uns alle, egal was passiert.

In der tiefsten Dunkelheit, erstrahlen diese Lichter am hellsten und zeigen sich einander, auf dass wir uns einander zu erkennen geben.

Die Verbindung zu allen anderen Menschen über diese Flamme der Verbundenheit, lässt uns leben. Sie lässt uns wissen, dass jeder von uns seinen Platz und seine Aufgabe oder Bestimmung hat. Sie verbindet uns mit unserem Nächsten und zeigt uns, dass wir tief im Inneren unseres Herzens tatsächlich alle gleich sind.

Ausgehend von dieser Erkenntnis, die wir alle, wenn wir es zulassen und in uns hineinfühlen oder hineinhorchen, erfahren und tatsächlich nachspüren können, wird deutlich, dass die Begegnung mit anderen Menschen die wichtigste Eigenschaft ist, die uns Mensch sein lässt.

Doch wie jede Reise, so beginnt auch die Begegnung mit uns selbst und mit unserem Nächsten mit dem ersten Schritt.

Treten wir aufeinander zu, in dem Wissen unserer Herzenslichter, die sich auf unerklärbare Weise anziehen und gegenseitig Kraft und Wärme spenden.

Strecken wir unsere Hand aus und spüren wie diese Flamme sich von selbst -wenn wir es nur zulassen und spüren wollen- ausbreitet und auf den anderen überspringen möchte.

Es ist dabei gänzlich unnötig, einen „großen Wurf" landen zu wollen. Wir müssen weder die Welt retten, noch können wir diese Flamme nur auf großen Veranstaltungen oder mit vermeintlichen Multiplikatoren weitergeben.

All das benötigen wir nicht.

Was zählt ist das „Eins zu Eins", die ganz persönliche, manchmal sehr vertrauliche Weitergabe, damit aus „1" und „1" eine „2" werde.

Wir haben jeden Tag tausendfach die Möglichkeit, unserem direkten Gegenüber so zu begegnen, da zu helfen, wo es nötig ist, auch wenn es ganz persönlichen Aufwand und Zeit bedeutet.

Wir brauchen nicht ein achtes Weltwunder zu bewirken, sondern können im Kleinen, mit einer Handreichung, mit einem lieben Wort, einer höflichen Geste, einem Einsatz für jemanden, der Hilfe benötigt, so viel bewirken.

Wenn wir einander in dieser unendlichen Achtung voreinander, dem Gefühl der Verbundenheit und dem Glauben an die Unverletzlichkeit unserer eigener Flamme, aber auch des Herzens unseres Gegenübers zuwenden, dann geschieht das Wunder der Geborgenheit, des Einlassens, der Liebe und Zuneigung ...

... dann geschieht ... Gemeinde.

Das Gebet

Du gehst allem voraus, Gott, Du.

Du bist uns begegnet und geblieben unter uns.

Nun hilf uns, Deinen Spuren zu folgen und
Dein Licht zu hüten in dieser Welt.

Sei Du unsere Hoffnung und lass uns auf dem
Weg, den wir Dir folgen wollen, Hoffnung
erhalten und zur Hoffnung werden.

Allen, denen es gut geht möge ihr Lebensmut
erhalten bleiben.

Schenke unseren Familien Fantasie und
Geduld in der Erziehung der Kinder, damit
diese behütet aufwachsen können.

Bleibe auch bei denen, deren Kummer sie zu überwältigen droht, wegen Krieg, Katastrophen und Trauer, oder weil niemand nach ihnen fragt.

Schenke uns allen die Hoffnung auf Dich, auf Leben, auf Gemeinschaft.

Gott, wecke in uns die Kraft Deiner Gemeinde, auf das Licht zu weisen, das von Dir kommt.

Du willst, dass es hell sei um uns und in uns.

Wir warten darauf und wir bitten darum.

Amen.

Noch etwas: Die Bücher

Erlauben Sie mir noch eine Anmerkung zu den Büchern dieser Reihe „Worauf es ankommt".

Sicherlich haben Sie bemerkt, dass die Bücher relativ dünn und in einer großen Schriftart gedruckt sind.

Dies ist so gewollt.

Die Bücher sollen einen Anreiz geben, sie in überschaubarer Zeit durchzulesen.

Gleichzeitig möchte ich auch denjenigen Leserinnen und Lesern die Möglichkeit geben, die Zeilen mit Interesse zu lesen, wenn sie nicht oder nur eingeschränkt über eine ausreichende Sehkraft verfügen.

Eine große Schriftart und komprimierter Inhalt, der sich auf das Wesentliche beschränkt, dienen beiden Zielen.

Sicherlich wird es auch einmal umfassendere Bände der Reihe geben. Dem Wesen nach aber will ich einen Grundstein für Gedanken legen und diese nicht in alle Verästelungen hinein auslegen.

Der Sinn der Bücherreihe sind wachsende Gedanken ... hin zum Guten. Wachsen kann aber nur das, was nicht eingeschränkt oder begrenzt wird.

Und daher sind die Bücher dieser Reihe dünn mit großer Schriftart ...

Und sonst ... ?

Hier finden Sie eine Übersicht der bereits erschienenen und demnächst herausgegebenen Bände der Reihe „Worauf es ankommt".

Das jeweilige tatsächliche oder voraussichtliche Erscheinungsdatum ist angegeben.

Gerne kann ich Sie auch über die Neuerscheinungen informieren, wenn Sie mir entweder einen Brief mit Ihrer Adresse zusenden, oder sich in den Newsletter auf der Internetseite eintragen:

www.worauf-es-ankommt.info

Bisherige und geplante Bände:

Band 1:
Die Zwei
... hier beginnt Gemeinde
ISBN: 978-3-8423-6224-6

Zwei Menschen, die sich begegnen ...
das ist der Schlüssel für das
menschliche Miteinander ... und da
beginnt Gemeinde.

Band 2:
Die Ernte
... was man sät ...
voraus. Erscheinungsdatum: Sommer 2011

„Wie man in den Wald hineinruft ..."
„Was man sät ..."
Ein lebhaftes Plädoyer für ein
Innehalten und Überdenken der
eigenen Worte und Taten.

Band 3:
Das Licht
... glänzend und allumfassend
voraus. Erscheinungsdatum: Sommer 2011

Licht ist unser Lebenselixier. Ob das
tatsächliche Licht oder Licht im
übertragenen Sinn, wir können
sehen, wo wir gebraucht werden.

Band 4:
Das Wasser
... lass' das Leben fließen
voraus. Erscheinungsdatum: Herbst 2011

Wenn wir uns „im Fluss" befinden,
läuft unser Leben rund. Dinge
können geschehen und wir fühlen
uns wohl. Und wir selbst können es
steuern.

Band 6:

Die Liebe
... Glaube, Hoffnung, Liebe

voraus. Erscheinungsdatum: Herbst 2011

1. Korinther 13, Vers 13 ist eine der bekanntesten Bibelstellen für Hochzeiten. Doch gilt er in praktisch allen unseren Lebensbereichen.

Ebenfalls erschienen:

Thorsten Haßiepen (Hrsg.)
Das Bibel Taschenbuch
ISBN: 978-3-8334-6701-1

Ein Begleiter für jeden Tag. Bibelverse geordnet nach Stichworten und somit auffindbar dann, wenn man nach ihnen sucht.

Weitere Informationen

Weitere Informationen zu dem Projekt
„Worauf es ankommt" im Internet:

www.worauf-es-ankommt.info

Wöchentliche Andachten des Autors:

www.wochenandachten.de

Alle Bücher sind als Druckversion
und als eBook's erhältlich.

Gott segne Dich und behüte Dich.

Er lasse sein Angesicht leuchten über Dir
und sei Dir gnädig.

Er hebe sein Angesicht über Dich
und gebe Dir Frieden.

Amen.